Valores Implícitos

Este cuento nos muestra
que el amor es eterno,
y nada puede hacerlo desaparecer.
Además, es una ayuda
para acompañar a pequeños y mayores
en el proceso del duelo
por la pérdida de un ser querido,
mostrándonos que seguirán
existiendo en nuestros recuerdos
aunque ya no están a nuestro lado.

Podéis acceder a
orientaciones y recursos en
www.elvuelodelamariposa.es

El vuelo de la mariposa

© del texto: Kitty Kasaudo
© de las ilustraciones: Javier Vizcaino
© del diseño y corrección: Equipo BABIDI-BÚ

© de esta edición:
Editorial BABIDI-BÚ, 2024
Avda. San Francisco Javier, 9, 6ª, 23
Edificio Sevilla 2
41018 - SEVILLA
Tlfn: 912.665.684
info@babidibulibros.com
www.babidibulibros.com

Impreso en España
Primera edición: mayo, 2024

ISBN: 978-84-19723-93-2
Depósito Legal: SE 955-2024

EL VUELO DE LA MARIPOSA

Kitty Kasaudo

Ilustraciones de
Javier Vizcaíno

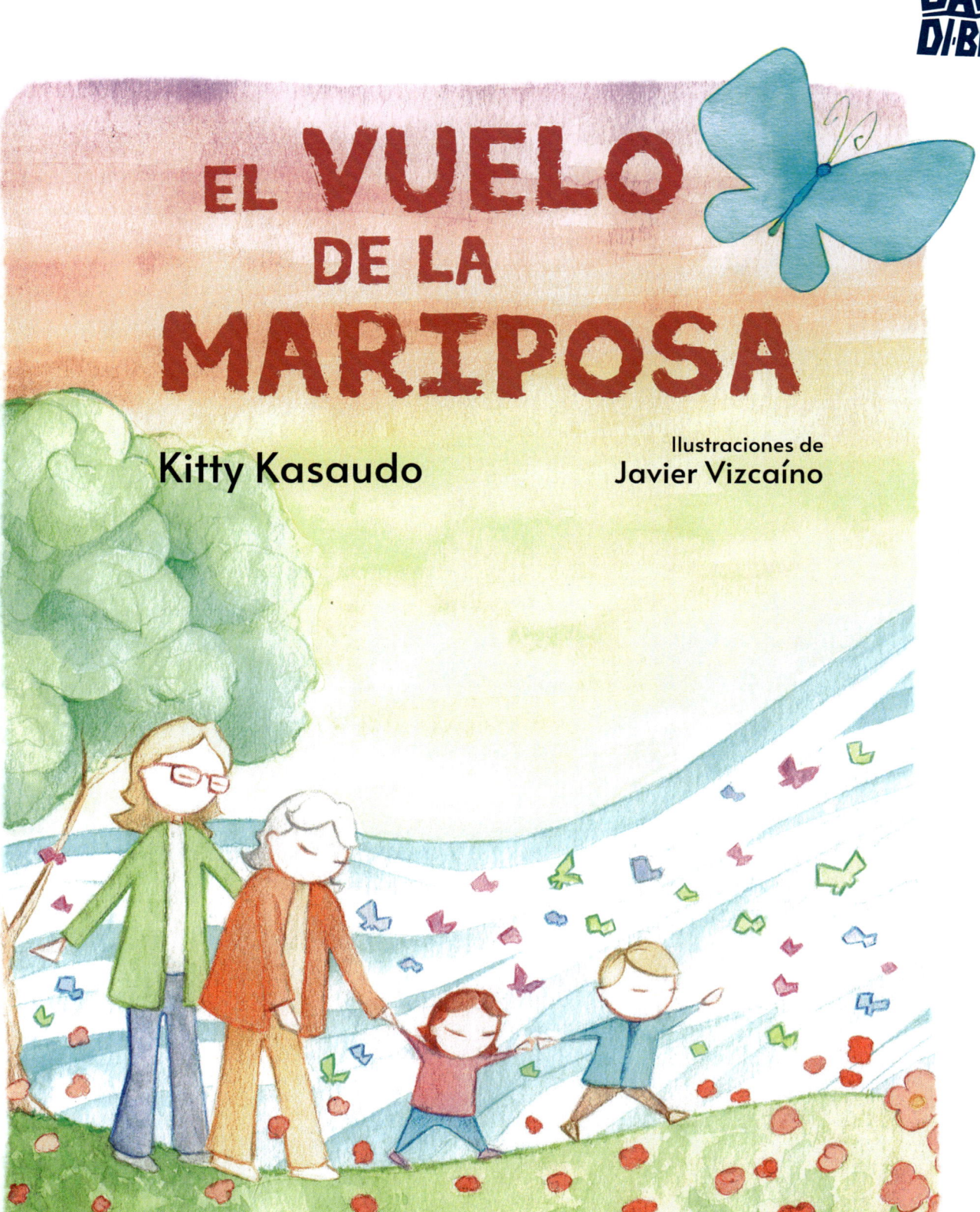

A mis niños, Manel y Jara,
para que jamás olvidéis que el amor es ETERNO,
y ni siquiera la muerte puede apagarlo.

A Carmen Sara y Álvaro,
porque sin vuestro gran apoyo,
no habría podido cumplir este sueño.

Hoy es un día muy especial,
¡es el cumpleaños de la abuela!
Como cada año,
seguro que será un día precioso.

—¡Manel! ¡Jara! ¡Vamos, dormilones,
ya es hora de desayunar! —nos llama mamá.

En la cocina, todo está preparado:
zumo de naranja recién exprimido
y tostadas calentitas con mermelada
de melocotón.
¡El desayuno preferido de la abuela!
¡Mmm..., qué rico!

—Cuando acabéis, os ponéis el bañador
y nos vamos a la playa. ¿Queréis?

—¡Sííí!

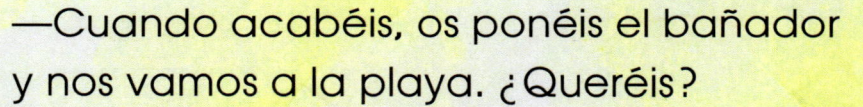

La casa de verano de la abuela
está cerca del mar.

Igual que a ella, nos encanta ir a nadar,
pasear, hacer castillos en la arena...

Lo pasamos taaan bien
que ni nos damos cuenta
de que es la hora de comer.

Papá hace una paella bien grande
para celebrar el cumpleaños.

Y mamá prepara un postre especial:
suflé de limón para los mayores
y tarta de tres chocolates para nosotros.
¡Todo está de rechupete!

—Ha llegado... ¡el momento de los regalos! —dice mamá después de los dulces.

—¡¡¡Bien!!! —gritamos Jara y yo.

Es lo que más nos gusta de este día,
porque mamá nos prepara una bonita sorpresa
y nos cuenta historias de la abuela
para que podamos conocerla mejor.

—Cuando yo era pequeña —nos dice mamá—,
los sábados tenía partido de baloncesto.
La abuela siempre venía a verme jugar.

»Luego me preparaba un bocadillo calentito
de paté para almorzar.
¡Nadie me los preparaba como ella!

»Cuando vosotros erais bebés —continúa—,
la abuela se sentaba en el suelo a vuestro lado,
a jugar con los coches y las pelotas.
Si estabais cansados,
os dormíais sobre su pecho,
en la mecedora, sintiendo su respiración.

Antes pasábamos mucho tiempo con la abuela.
Pero un día se puso malita y,
después de un tiempo, ya no volvimos a verla.

Nos pusimos muy tristes,
pero mamá nos contó un secreto:
si queríamos, la abuela siempre estaría cerca;
podríamos sentirla en el viento que sopla,
en el calor del sol, en las estrellas de la noche,
en el vuelo de las mariposas...

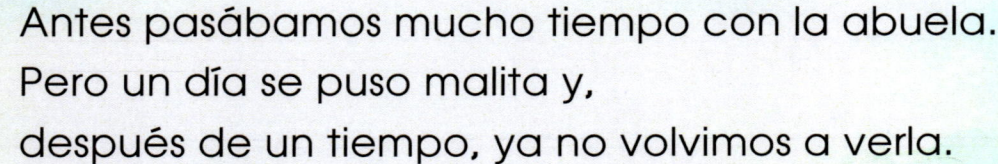

Yo aún no lo entiendo bien,
pero cuando noto la brisa fresca
y veo las mariposas volar,
siento que la abuela me rodea
con un gran abrazo.
Es como si nunca se hubiera ido...

¡Me encanta sentirla tan cerquita!

Para terminar el día, hacemos un dibujo,
un marco de fotos o alguna que otra manualidad
de las que hacíamos con ella.
Y luego... ¡pizza para cenar!

Mamá siempre consigue que sea un gran día,
celebrándolo con una bonita fiesta en su honor.

A la hora de dormir,
mamá nos canta
la canción que la abuela
le cantaba a ella
cuando era un bebé.

La misma
que nos cantaban
las dos juntas cuando
ella aún vivía:

«Duérmete, niño,
duérmete ya,
todo está en calma,
hay que descansar.

Duérmete, niña,
duérmete ya,
Luna y estrellas
te arroparán».

Y mientras se nos cierran los ojos,
con el runrún de la canción,
un pedacito de la abuela
se va colando en nuestro corazón.

ORIENTACIONES PARA APOYAR A LOS NIÑOS ANTE EL DUELO POR UN SER QUERIDO:

1 **No ocultes tus lágrimas.**
Explícales lo que está pasando, con palabras sencillas que ellos puedan comprender.

2 **Escúchales.**
Seguro que intuyen que algo pasa, escucha sus palabras, sus miedos, sus preguntas.

3 **Háblales, pregúntales.**
Adelántate, en la medida de tus posibilidades, a sus inquietudes y a sus sentimientos.

4 **Ayúdales a despedirse.**
Ofréceles opciones para que ellos también se despidan, a través de un dibujo, de una carta, de una oración...

5 **Respeta sus tiempos y espacios.**
Quizá vivan el proceso de duelo más rápido y lo naturalicen antes, o quizá sea al revés, y necesiten más tiempo para asimilar y expresar sus propios sentimientos. Depende de cada niño.

6 **Apóyales**
con materiales y cuentos acordes a su edad.

7 **Vive el duelo en familia.**
El duelo es un proceso por el que va a pasar
la familia entera, así que no apartes a los niños.

8 **Informa a los adultos cercanos al niño
de lo sucedido.**
Es importante que informes a sus profesores
y a otras personas de referencia,
ya que pasa mucho tiempo en el colegio,
y ellos podrán ayudarle a vivir mejor este proceso.

9 **Busca ayuda si lo consideras necesario.**
El duelo es un proceso natural que debe ser vivido,
pero que en ocasiones se hace complejo de gestionar.

10 **Crea rutinas, momentos y celebra fechas clave,**
del día a día, que mantengan viva
a la persona ausente.

A ti, mamá y abuela,
para que tu sonrisa nunca se apague
y tu vuelo sea eterno.

GRACIAS por tanto.